AF313136

MINCÉTOFF,

PARODIE DE MENZIKOFF,

Par MM. FRANCIS, MOREAU,
et DÉSAUGIERS.

*Représentée, pour la première fois, sur le théâtre
du Vaudeville, le 9 mars 1808.*

PRIX 1 fr. 20 C.

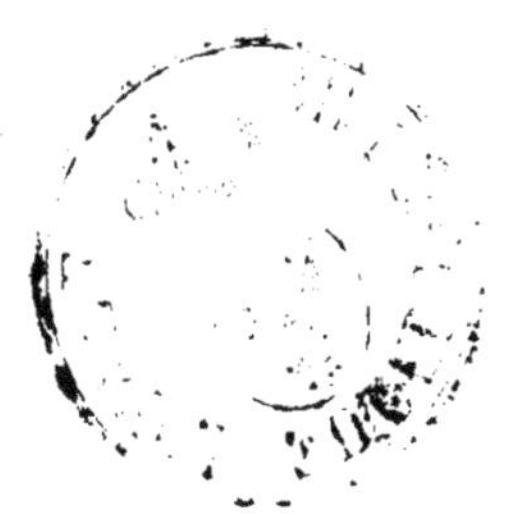

A PARIS,

Chez BARBA, Libraire, Palais-Royal, derrière le Théâtre
Français, n°. 51.

1808.

<table>
<tr><td>PERSONNAGES.</td><td>ACTEURS.</td></tr>
</table>

PERSONNAGES.	ACTEURS.
MINCÉTOFF, (Pantalon de) ancien pâtissier.	M. *Séveste.*
Mad. MINCÉTOFF, sa femme.	Mme. *Bondin.*
MARION, leur fille.	Mlle. *Minette.*
St.-JEAN BOUCHE D'OR.	M. *Laporte.*
EGARD, son confident.	M. *Guénée.*
BISTOURI, frater.	M. *Lenoble.*
GILLES, gouverneur de l'île. (manchot.)	M. *Armand.*

Troupe de pâtissiers exilés.
Chœurs de femmes.

La scène se passe dans un île imaginaire où l'on suppose qu'il fait très-froid.

Le théâtre représente un désert. Dans le fond, des montagnes. Sur l'avant-scène à droite des spectateurs une cabane sans portes ni fenêtres.

MINCÉTOFF.

SCENE PREMIÈRE.

Mad. MINCÉTOFF, *dans la cabane.*

Air : *Un bandeau couvre les yeux.*

QUEL brouillard couvre mes yeux !
D'où provient ce mal affreux ,
  Qui fait que je clignotte ?
Est-ce l'effet des grands vents ,
Où des pleurs que je répands?
  Serait-ce la cocotte ?

Marion ? Marion?... la pauvre enfant? élevée à la barrière du Trône, transportée à la cour du roi de Cocagne, et bientôt exilée je ne sais où , entre un père qui n'entend rien et une mère qui n'y voit goutte.... Marion ? Marion? elle dort! elle ne m'entend pas , elle est bien heureuse !

Air : *Du vaud. de Voltaire chez Ninon.*

Quand du récit de mes malheurs,
J'étourdis la nature entière ,
On est insensible à mes pleurs,
Et l'on est sourd à ma prière.
Jamais femme, en son désespoir,
Souffrit-elle un pareil martyre ?
J'ouvre les yeux pour ne rien voir,
Et la bouche pour ne rien dire.

Marion ? Marion ?

SCENE II.

Mad. MINCÉTOFF, MARION.

MARION.

Mon dieu ! ma mère , comme vous criez !

A

Mad. M I N C É T O F F.

Comme un aveugle, mon enfant.

M A R I O N.

Ça ne passe donc pas ?

Mad. M I N C É T O F F.

Non ; mais ça gagne. Ah ! mon dieu ! qu'il fait froid fais donc du feu, ma fille.

M A R I O N.

Hélas ! il n'y a pas de cheminées.

Mad. M I N C É T O F F.

En ce cas, ferme les portes.

M A R I O N.

Il n'y en a pas.

Mad. M I N C É T O F F.

Les fenêtres.

M A R I O N.

Il n'y en a pas davantage.

Mad. M I N C É T O F F.

Joli appartement !

M A R I O N.

Air : *Du vaud. de Frosine.*

Sans portes, fenêtres ni feu,
Qui ne tremblerait à ta place,
Vraiment on doit s'étonner peu
Si nous sommes tous à la glace.
Nous aurions beau nous surcharger
De fourrures de toute espèce,
Elles ne pourraient corriger
La froideur de la pièce.

Mad. M I N C É T O F F.

C'est pourtant à ton père que nous devons tout cela. A peine sorti du four pour entrer dans le palais du roi de Cocagne, Mincétoff oublie que c'est à ses pâtés qu'il devait son titre de premier ministre ; il abuse de la faiblesse de son prince.

M A R I O N.

Ce prince était d'une si bonnne pâte!..

Mad. M I N C É T O F F.

Jaloux de sa faveur, le premier usage que ton père en a fait a été d'exiler du royaume tous les pâtissiers , dont les talens lui portaient ombrage.

MARION.

Que de victimes !

Mad. MINCÉTOFF.

Sans te compter , ma fille ; car s'il m'avait cru , au lieu d'être fiancée au fils du roi de Cocagne, tu serais à présent la femme de Saint-Jean Bouche d'Or.

MARION.

Ah ! maman , ne parlons pas de ça.

Mad. MINCÉTOFF.

Parlons d'autre chose. Sais-tu dans quel lieux nous sommes exilés ?

MARION.

Je n'en sais rien , maman ; mais, pendant toute la route, que ne le demandais-tu ?

Mad. MENCÉTOFF.

J'ai oublié de m'en informer : c'est une petite distraction bien pardonnable à mon âge.

SCENE III.

LES PRÉCÉDENS, MINCÉTOFF.

MINCÉTOFF.

Air : *Des Trembleurs.*

Tu veux savoir où nous sommes.

Mad. MINCÉTOFF.

Je veux savoir où nous sommes.

MINCÉTOFF.

Tu veux savoir où nous sommes.

MARION.

Oui , mon père , où sommes nous ?

MINCÉTOFF.

Tu veux savoir où nous sommes.

Mad. MINCÉTOFF.

Je veux savoir où nous sommes.

MINCÉTOFF.

Eh bien ! ma femme, nous sommes
Dans un vrai pays de loups.

Vois la peau qui me couvre.

Mad. MINCÉTOFF.

C'est celle d'un ours.

(4)

MINCÉTOFF.

Que je viens de tuer dans ce désert.

MARION.

Un désert !

MINCÉTOFF.

Entouré de précipices. Malheureux Mincétoff! voilà donc
le sort réservé au favori du roi de Cocagne.

Mad. MINCÉTOFF.

Ainsi, il ne nous reste de notre grandeur passée...

MINCÉTOFF.

Rien.

MARION, Mad. MINCETOFF.

Rien !

MENCÉTOFF.

Ce n'est pas tout. Tu ne sais pas ce qui nous menace dans
ce pays , si nous nous découvrons.

Mad. MINCÉTOFF.

Un rhume , peut-être ?

MINCÉTOFF.

La mort.

Air : *Du Petit Matelot.*

Tu sais que dans le ministère ,
C'est un pâté qui me lença :
Mais je craignais plus d'un confrère ,
Et l'exil m'en débarrassa.
Si je n'avais pas su défendre
Mon front de gloire environné ,
Une tourte eut pu me reprendre
Ce qu'un pâté m'avait donné.

Mad. MINCÉTOFF.

Je sais cela... Eh bien ?

MINCÉTOFF.

Air : *Contentons-nous d'une simple bouteille.*

C'est dans ces lieux, dans ce désert sauvage ,
Que chacun d'eux par moi fut relégué ,
Ils me tueront : ô désespoir ! ô rage !
Vous conviendrez que cela n'est pas gai.
De plus en plus notre affaire se gâte.
Pouvoirs, grandeurs, qu'êtes-vous devenus?
Tel le matin à la main à la pâte ,
Pour qui le soir le four ne chauffe plus.

Mad. MINCÉTOFF.

Cher époux !

MARION.

Mon père !

MINCÉTOFF.

Ecoute, ma fille, je dois te prévenir encore d'une petite chose. Parmi les exilés que renferme ce désert, je ne te dissimulerai pas que tu pourrais bien rencontrer St.-Jean Bouche d'Or.

MARION.

Mon St.-Jean Bouche d'Or. O ! mon père ! vous croyez qu'il serait ici.

MINCÉTOFF.

Il y a de bonnes raisons pour que je le croye ; c'est moi qui l'y ai envoyé.

MARION.

O ciel !

MENCÉTOFF.

C'est assez vous dire, mademoiselle, que nous ne sommes pas cousins

MARION.

Il n'a pourtant pas de fiel.

MINCÉTOFF.

Il en est pétri... ainsi, mademoiselle, n'allez pas faire quelques sottises, car je ne veux pas qu'il vous reconnaisse.

MARION.

Mais comment l'en empêcher ?

MINCÉTOFF.

Rien de plus simple.

Air : *J'ai vu partout dans mes voyages.*

> Contre lui sois toujours en garde :
> S'il paraît, passe ton chemin :
> Baisse les yeux, s'il te regarde :
> Et rougis, s'il te prend la main.
> S'il t'interroge, sois discrette :
> S'il veut te suivre, fuis ses pas.
> Enfin, sois timide et muette,
> Il ne te reconnaîtra pas.

MARION.

Je tâcherai de vous obéir, mon père : mais qu'il m'en coûtera !

Mad. MINCÉTOFF.

Ah ! je reconnais mon sang.

MINCÉTOFF.

Il t'en coûtera, ma fille : ton cœur ne sent-il donc plus rien de la fierté des Mincétoff ?

MARION.

J'obéirai.

Air : *A la papa.*

Pour adoucir tes regrets ,
Voyons un peu , que ferai-je ?
Ah ! je vais ici tout près
Te cueillir quelques bouquets.

MINCÉTOFF.

Ils seront frais.

Mad. MINCÉTOFF.

Tu perdras
Tes pas.
Des bouquets sous la neige !

MARION.

Ce miracle-là ,
Exprès s'opérera
Pour mon papa. (*bis.*)

(*Elle sort.*)

SCENE IV.

MINCÉTOFF, Mad. MINCÉTOFF.

Mad. MINCÉTOFF.

Eh bien, mon ami, toutes les dignités du monde que l'on paye si cher, valent-elles le bonheur d'être père ? ce bonheur là, du moins, ne t'a rien coûté.

MINCÉTOFF.

Ah ! c'est la seule idée qui me console. Mais, à propos, comment vont tes yeux?

Mad. MINCÉTOFF.

Comme tu vois.

MINCÉTOFF.

Il faut cependant faire quelque chose.

Mad. M I N C É T O F F.

Air : *Cacher la femme sous des roses.*

Par une recette assez bonne,
Mon mal d'abord fut adouci ;
Mais , hélas ! l'espoir m'abandonne
Et l'horizon s'est obscurci.
En vain je regarde à la ronde ;
Mes plus beau jours sont disparus.
Je vois encore un peu de monde ;
Mais bientôt je n'en verrai plus.

SCENE V.

LES PRÉCÉDENS, JEAN, ÉGARD.

J E A N.

Air : *Premier chœur des Savoyards.*

A nos chagrins, à nos vertus,
Le destin s'intéresse.
Quel plaisir , quelle ivresse !
Voici des malheureux de plus.
Vous n'avez rien sans doute ?

M I N C É T O F E.

Pas deux sous.

J E A N.

Vous serez bien chez nous.

M I N C É T O F F.

Mon épouse n'y voit goutte.

J E A N.

Tant mieux :
A quoi servent les yeux ?

M I N C É T O F F.

Et je suis , pour une vétille ,
Mis au rang des sots et des fous.

J E A N.

Cher compagnon , consolez vous :
Nous ne feronsqu'une famille.

A nos chagrins, etc.

Mad. M I N C É T O F F.

Nous sommes bien sensibles...

J E A N.

De la joie , de la folie surtout.

M I N C É T O F F.

Cela vous est facile à dire.

JEAN.

Aussi je ne dis que ça ; de la joie, de la folie !... Votre nom ?

MINCÉTOFF.

Roch Oursino.

JEAN, *à son secrétaire.*

Ecrivez. « Maison 120 ; Oursino et sa femme... » Avez-vous des enfans ?

Mad. MINCÉTOFF.

Une fille unique.

JEAN.

Composée de trois personnes. Pas de domestique !

MINCÉTOFF.

Air : *Dans la vigne à Claudine.*

> J'avais dans mon voyage,
> Pour surcroit d'embarras,
> Une servante à gage
> Qui ne me servait pas ;
> Mais je n'ai plus personne
> Et j'ai cru faire bien,
> En chassant une bonne
> Qui n'était bonne à rien.

JEAN.

Que faisiez-vous autrefois ?

MINCÉTOFF.

Pas grand chose.

JEAN.

Et maintenant ?...

MINCÉTOFF.

Rien.

JEAN.

Savez vous pêcher ?

Mad. MINCÉTOFF.

C'est son plus grand plaisir.

JEAN, *à son secrétaire.*

Mettez : vieux pêcheur. (*à Mencétoff.*) Vos meubles ?

Mad. MINCÉTOFF.

Aucuns.

JEAN.

Vos effets ?

MINCÉTOFF.

Nuls.

JEAN.

Vos santés ?

Mad. MINCÉTOFF.

Les yeux bien malades.

JEAN, *à son secrétaire.*

Ecrivez : affligée de la cocote. Et votre époux ?

Mad. MINCÉTOFF.

Ah ! monsieur , c'est le moral qui souffre chez lui...

JEAN.

Ah ! j'entends... l'esprit...

(Madame Mincétoff fait un geste qui indique qu'il a perdu la tête.)

JEAN, *à son secrétaire.*

Dénuement absolu.

Mad. MINCETOFF.

Absolu.

JEAN.

Que vous êtes heureux !

MINCÉTOFF.

Heureux !

JEAN.

Ce que vous avez perdu, vous pouvez le retrouver. Mais,
moi... jamais.

Air : *Il était une fille.*

Il était une fille ,
Une fille d'honneur ,
Et qui m'aimait de tout son cœur ;
Mais, hélas ! sa famille
A l'orgueil l'immola :
Et depuis me voilà.
Ah !

MINCÉTOFF, *à part.*

Quel rapport !

Air : *Eh ! mais , oui dà.*

Elle était sage et belle:
Et l'adroit Ménélas
Aurait perdu près d'elle
Son latin et ses pas.
Eh ! mais , oui da ,
Voit-on souvent des filles comme ça ,
Oh ! nenni dà ,
On ne voit pas deux filles comme ça.

Air : *Chantons la capucine.*

Ah ! si je ne retrouve
Cet objet adoré ,
Du chagrin que j'éprouve
Je sens que je mourrai.
(*en dansant.*)
Et ! gai, gai, la rira dondaine ,
Et ! gai , gai, la rira dondé.

(*Egard lui fait un geste.*)

Tu as raison. Ah ! pardon... mes pieds... ma tête... je ne sais ce que je dis. (*à Egard.*) Mais toi, qui n'es là que pour ça, cours chercher le docteur, et les provisions, et ne bavarde pas en route.   (*Egard sort..*)

SCENE VI.

LES PRÉCÉDENS, excepté EGARD.

MINCÉTOFF.

|Air : *Sans trop être indiscret.*

Sans trop être exigeant ,
Ne pourrait-on , brave homme ,
Savoir comment on vous nomme ?

JEAN.

L'ami Saint-Jean.
MINCÉTOFF et Mad. MINCÉTOFF.
Sasnt-Jean.

JEAN.

Mais, plus communément encore, le fou de l'endroit. Ils m'appellent ainsi , parce que j'ai la manie de faire du bien, comme je fais des vers , sans rime ni raison.

MINCÉTOFF.

Et quel est votre dessein ?

JEAN.

De faire oublier par mes bienfaits aux exilés , la rigueur de la saison , en dépit des Mincétoff. Vous êtes sans doute une de ses victimes. Vous serez des nôtres.

Air : *De la Cinquième édition.*

Chez nous chacun se tend la main :
Toujours bonne humeur , bonne mine.
Quand l'un dine avec le voisin ,
L'autre soupe chez la voisine.

En un mot , pour m'expliquer mieux ,
Apprenez que l'île ou nous sommes
Renferme cept cents malheureux ,
Qui sont les plus heureux des hommes.

Mad. MINCÉTOFF.

Et quels sont vos amusemens ?

JEAN.

Ils sont aussi simples que nous. En deux mots les voici,

Air : *d'une Walse.*

Tous les soirs au clair de la lune ,
Nos amans en bonne fortune ,
Vont chacun avec leur chacune ,
S'égayer
Sous un maronnier.
Là , c'est un groupe de filles ,
Qui jouant aux quilles ,
Avec de bons drilles ,
En renversent neuf ;
Plus loin la poucette :
Ici la climusette :
Là le pied de bœuf.
Ici la mère Nicole ,
Joue à pigeon vole ,
Tandis qu'on cajeole
Sa Babet : et là ,
Le papa déploie ,
Au noble jeu d'oie
Tout l'esprit qu'il a.

Air : *De la chasse du jeune Henry.*

Mais tout à coup
La chasse au loup ,
S'annonce par des cris d'ivresse :
On vise , on tire avec adresse ;
Et l'écho répète le coup.
Quand revient le chasseur,
Chacun du doigt montre la bête :
Et , pour comble d'honneur,
Nous couronnons son front vainqueur ,
Tremblant encor de son péril ,
La larme à l'œil chacun le fête :
A l'Opéra-Comique est-il
Rien de plus gai que notre exil ?

Air : *Du rondeau du Chapitre Second.*

Mais le jour va poindre ;
On court se rejoindre

Sur de long bassins,
Le chef de la troupe
S'élance du groupe,
Sur ses deux patins.
Il est sur la glace,
Il passe, il repasse ;
Voyez sa vigueur.
L'œil qui suit sa trace,
Le perd dans l'espace,
Ah ! quel patineur !

Air : *De la ligue Anglaise.*

Zeste, on déjeune :
Et de sa main,
Fillette, aimable et jeune,
Pour nous remettre tous en train,
Nous verse un grand verre de vin
Plein.
Chacun médit,
Contredit,
Applaudit,
Chante et rit,
Sans esprit,
Mais qu'importe ?
Le repas fait,
Le vin fait
Son effet :
Sans objet,
Sans sujet,
On s'emporte :
Enfin après
Quelques couplets,
Chantés vaille que vaille,
On baille ;
Et ronflant sans effort,
Chacun, satisfait de son sort,
Dort.
Voilà (*bis*) tous nos amusemens.

MINCÉTOFF.
Vos amusemens sont de vrais plaisirs.

SCENE VII.

LES PRÉCÉDENS, MARION.

MARION.

Maman ! maman !.... Ciel ! que vois-je !

JEAN.

C'est elle !

MARION, *à part.*

C'est lui.

JEAN, *tombant à genoux.*

Marion !

MINCÉTOFF, *tirant la robe de sa fille.*

Ma fille !

MARION.

Monsieur !

Mad. MINCETOFF.

Mon enfant !

JEAN.

Marion ! Marion !

Air : *Quand on ne dort*, etc.

Oui, c'est bien elle , la voilà,
Celle dont à certaine fête ,
Un seul coup d'œil m'ensorcela,
Pour qui Mincétoff m'exila ,
Et pour qui j'ai perdu la tête.
Voilà ce regard enchanteur,
Où , pour mieux enchaîner le nôtre,
Règnent la vertu , la candeur.

MARION.

Ah ! monsieur (*bis.*) me prend pour une autre.

JEAN.

Pour une autre !

Air : *Quoi ! ma voisine.*

Et quoi ! cette aimable personne ?

MARION.

Ce n'est pas moi.

JEAN.

Si belle , si sage , si bonne.

MARION.

Ca n'est pas moi.

JEAN.

Qui parle et chante comme un ange.

MARION.

Ce n'est pas moi.

JEAN.

Et dont jamais le cœur ne change.

MARION.

Ce n'est pas moi.

JEAN.

Quoi! trois ans ont suffi pour m'effacer de votre souvenir. Le tems a pu changer mes traits, mon teint; mais mon cœur... mon cœur.. Ah! Marion! Marion! je ne m'attendais pas que Saint-Jean Bouche d'Or...

MARION.

Saint-Jean Bouche d'Or! ce nom...

MINCÉTOFF, *à part.*

Ma victime!

Mad. MINCÉTOFF, *à part.*

O ciel!

MINCÉTOFF, *à part.*

Je m'en avais douté!

JEAN.

Si vous ne me reconnaissez pas, refuserez vous de reconnaître ceci.

Air: *Formez*, etc.

Regardez cette jarretière,

MARION, *à part.*

O ciel! de mon père
Je crains le courroux.

MINCÉTOFF.

Sa jarretière,
Que dites-vous?

JEAN.

Oui, ce ruban sur ses genoux
Formait (*bis.*) les nœuds les plus doux.

MINCÉTOFF.

Monsieur ne sait ce qu'il dit, ma fille; mais son erreur ne peut que t'honorer.

JEAN.

Ah! je devine.

MINCÉTOFF.

Air: *O ciel! est-il possible.* (de Félix.)

O ciel!

JEAN.

Voilà ton père!
La chose est claire,
Sa barbe l'a trahi:
C'est Mincétoff, c'est lui.

MINCÉTOFF.

Moi je vous dis que non,
Ce n'est pas là mon nom.

JEAN.

Voilà son redoutable accent,
Son œil hagard et menaçant.

MINCÉTOFF, *à part.*

O ciel ! que faut-il faire
Pour m'en défaire ?

JEAN.

Si tu vendis cher tes pâtés,
Tu payeras cher tes cruautés ;
Dans cette île on n'est pas ingrat :
Avec nous à bon chat bon rat.

Mad. MINCÉTOFF, *à Mincétoff.*

Un général plein de valeur,
Doit-il ainsi trembler de peur?

JEAN.

Au festin du roi de Cocagne,
Plus qu'aujourd'hui je vous vis triomphant.

MINCÉTOFF.

Mon cher, vous battez la campagne.
Je m'y trouvais comme écuyer tranchant.

JEAN.

C'est différent. (4 fois.)

Mad. MINCETOFF, MARION.

Ah! comme il ment. (4 fois.)

SCENE VIII.

MINCETOFF , Mad. MINCETOFF, MARION.

MINCÉTOFF.

La pauvre enfant !

Mad. MINCETOFF.

Nous la tuerons.

(Elle sort avec Marion.)

SCENE IX.

MINCETOFF, LE GOUVERNEUR.

LE GOUVERNEUR.

Air : *du Vaud. d'Arlequin Afficheur.*

Salut à mes nouveaux amis,
Que le plaisir les accompagne,
Je représente en ce pays
Mon maître le roi de Cocagne ;
Ce roi, fameux par ses hauts faits,
Dans cette paisible retraite,
Exile les mauvais sujets,
Et je suis à leur tête.

M I N C É T O F F.

Je vous en fais mon compliment.

LE GOUVERNEUR.

Je ne sais pas trop pourquoi je viens vous voir, car je n'ai rien de bien intéresant à vous dire ; mais, parlez, que puis-je faire pour votre service.

M I N C É T O F F.

Beaucoup de choses. D'abord, me rendre mon porte-manteau.

LE GOUVERNEUR.

J'aurais voulu vous l'apporter moi-même : mais un ordre de Mincetoff, qui n'a point été revoqué, me lie les mains.

M I N C É T O F F.

Ne pourriez vous du moins faire réparer cette maison où le vent pénètre de toutes parts ?

LE GOUVERNEUR.

Ah ! par exemple, ceci ne me regarde pas : parlez à l'ami Jean.

M I N C É T O F F.

Ne pourrions nous avoir des meubles moins grossiers ?

LE GOUVERNEUR.

Comment ? cette négligence est impardonnable ; et je suis étonné.... Parlez à l'ami Jean.

M I N C É T O F F.

Quant aux vêtemens, vous voyez qu'ils en demandent d'autres.

LE GOUVERNEUR.

Oh ! ceci est une autre paire de manches, et cela regarde entièrement l'ami Jean.

M I N C É T O F F.

L'ami Jean ! l'ami Jean !

LE GOUVERNEUR.

C'est mon bras droit.

M I N C É T O F F.

Vous n'êtes donc gouverneur...

LE GOUVERNEUR.

Qu'*adhonores*. Autrefois ma place me permettait de me livrer à mon goût pour la bienfaisance ; mais on m'a tellement rogné les ongles, que maintenant c'est lui qui fait ici la pluie et le beau tems.

Air : *Traitant l'amour sans pitié.*

Ce fou, dont on suit les pas,
Fait tourner toutes les têtes ;

Il n'est pas de bonnes fêtes
Quand l'ami Jean n'en est pas.
Pour jouir de sa présence ,
Toujours nouvelle affluence :
A son heureuse éloquence ,
Le cœur d'avance est ouvert ;
Nous charmer est son étude ,
Et Jean n'a pas l'habitude
De prêcher dans le désert.

(*On entend une musique lugubre* : Dies iræ, dies illa , *etc.*

MINCÉTOFF.

D'où partent ces chants d'allégresse ?

LE GOUVERNEUR.

C'est une fête en l'honneur du médecin de cette île.

MINCÉTOFF.

Un médecin!

LE GOUVERNEUR.

Vous paraissez effrayé.

MINCÉTOFF.

Quel est son nom ?

LE GOUVERNEUR.

Bistouri.

MINCÉTOFF, *à part.*

Air : *Tenez, moi, je suis un bon homme.*

Bistouri ! grands dieux ! je devine :
C'est mon plus cruel ennemi.

LE GOUVERNEUR.

C'est un frater de bonne mine :
Et qui deviendra votre ami :
Du rasoir et de la lancette ,
Il connaît l'usage opposé ,
Et chaque malade qu'il traite
A l'agrément d'être rasé.

Il ne tardera sûrement pas à venir.

MINCÉTOFF, *à part.*

O ciel !

LE GOUVERNEUR.

Mais, j'oublie que j'ai depuis huit jours dans ma poche
un paquet qui renferme le rappel d'un exilé ; et comme on
ne peut pas trop se presser d'annoncer une bonne nouvelle,
je m'en vais dîner , ensuite je verrai a m'occuper de ça.—
Sans adieu. Si vous avez besoin de quelque chose, souve-

Mincétff.　　　　　　　　　　　　C

nez-vous que je suis le Gouverneur, et que je me fais un vrai
plaisir de tendre les bras aux malheureux. (*il sort.*)

MINCÉTOFF.

O ! Mincétoff ! où est-tu venu te fourrer.

SCENE X.

MINCÉTOFF, Mad. MINCÉTOFF.

Mad. MINCÉTOFF.

Es-tu là, mon ami ?

MINCÉTOFF.

Me voici. Eh bien ! notre pauvre Marion.

Mad. MINCÉTOFF.

Ah ! mon ami ! Marion pleure, Marion crie, Marion
veut qu'on la marie.

SCENE XI.

LES PRÉCÉDENS, BISTOURI.

BISTOURI, *fredonnant.*

Que j'aime à voir un corbillard !
Ce début vous étonne ;
Mais il faut partir tôt ou tard,
La faculté l'ordonne.

N°. 120, madame Oursino ; je crois que je ne me trompe
pas.

Mad. MINCÉTOFF.

C'est moi. A qui ai-je l'honneur de parler?

BISTOURI.

Air : *Je suis Madelon Friquet.*

Je suis le docteur du lieu,
Et de tous les maux je me moque ,
Je suis le docteur du lieu,
Et pour moi la mort n'est qu'un jeu.
De notre doyen ,
Gallien ,
J'ai le savoir non équivoque ;
Et je suis l'égal
De Gall.
e suis le docteur, etc.

Ayant appris qu'il y avait ici une cocote à guérir, et une
barbe a faire, je viens vous offrir mes soins.

Mad. MINCÉTOFF.

Je les accepte avec reconnaissance.

BISTOURI.

Permetttez...

MINCÉTOFF.

Air : *Père capucin.*

Ah ! cher médecin, guérissez ma femme :
Ne négligez rien ,
Guérissez la bien.
Ouvrez lui les yeux promptement :
Vous nous les fermez si souvent !
Ah ! cher médecin , etc.

BISTOURI.

Oui : ne craignez rien : j'entreprends madame.
Oh! ne craignez rien ,
Elle y verra bien.

Madame , je sais ce qu'il vous faut... et d'ici à deux ou
trois jours... A nous deux , monsieur... (*il tire un rasoir.*)

MINCÉTOFF, *à part.*

Me la laisserai-je faire?... J'en ai bon besoin.

BISTOURI.

Donnez-vous la peine de vous asseoir.... Que vois-je ?
c'est lui... En arrière, monstre, tu es Mincétoff, je suis Bistouri, nous ne pouvons pas nous voir de si près.

MINCÉTOFF.

Vous , Bistouri ?

BISTOURI.

Lui-même... je suis son intéressante victime.

MINCÉTOFF.

Bistouri ! Nous n'avons rien à nous reprocher.

Air : *Du vaud. de M. Guillaume.*

Tous les sujets qu'au tems de ma puissance
J'expatriai dans ce triste séjour ,
Conservent au moins l'espérance
D'être rappelés quelque jour ;
Mais envers eux ma cruauté qu'on fronde ,
A la vôtre cède le pas ;
Vous les exilés dans un monde
Dont on ne revient pas.

Sur sept cents proscrits que renfermait ce pays, combien
en reste-t-il ?

BISTOURI.

Trente-sept.

MINCÉTOFF.

Disons tous deux notre mea culpa, c'est le cas, ou jamais, d'oublier le passé, de pardonner....

BISTOURI.

Un médecin ne pardonne jamais.

MINCÉTOFF.

Si ce n'est pas pour moi , que ce soit pour ma femme.

Air : *Il pleut bergère.*

Regarde sa souffrance ;
Un peu d'humanité :
Respecte l'innocence ,
Respecte la beauté ;
Que te faut-il encore ?
De mes maux vois l'excès.
A genoux je t'implore.

BISTOURI.

C'est comme si tu chantais.

Mad. MINCÉTOFF.

M. Bistouri , de grace...

MINCÉTOFF.

Cruel !

BISTOURI.

Tu es mon persécuteur : ergo, je suis ta victime ; haine et vengeance voilà mon refrain.

MINCÉTOFF.

Vengeance , tu la veux : eh bien !

(*Il lui donne son petit poïgnard.*)

Air : *L'amour ainsi qu'la nature*

Viens donc m'arracher la vie.

BISTOURI.

L'insensé , dans sa furie
Me prend pour un assassin.

MINCÉTOFF.

Non , mais pour un médecin ;
Viens dans mon ame éperdue
Plonger le fer que voilà.

BISTOURI.

Un médecin , quand il tue ,
Ne connaît pas ces armes-là.

Je t'abandonne au ressentiment de tous les exilés qui sont instruits de ton arrivée , et qui ne te promettent pas poire molle. Voilà toute ma vengeance. (*il sort.*)

SCENE XII.

MINCÉTOFF, Mad. MINCÉTOFF.

MINCÉTOFF.

Qui ne me promettent pas poire molle ! tu l'as entendu.
Ah ! madame Mincétoff, qu'as-tu fait au ciel pour être la
femme d'un garnement comme moi ? Ecoute : veux-tu que
que je te donne un bon conseil ? nous courrons le plus grand
danger, nous n'avons peut-être pas une heure à vivre : va
te coucher.

Mad. MINCÉTOFF.

A jeun ?

MINCÉTOFF.

Il le faut bien.

Mad. MINCÉTOFF.

Allons ; une invocation au sommeil.

MINCÉTOFF.

Appelle ta fille : elle fera sa partie, cela la distraira.

Mad. MINCÉTOFF.

Marion !

SCENE XIII.

Les précédens, MARION.

MARION.

Ma mère....

Mad. MINCÉTOFF.

A genoux, mademoiselle.

TOUS.

Air : *Du sommeil d'Atis.*

Sommeil, rends le repos à notre ame chagrine :
Par nos maux, par nos pleurs, ah ! laisse toi toucher.
Allons nous coucher.

MINCÉTOFF.

Allons nous cacher.
L'une à faim ; l'autre à soif : mais, ma foi, qui dort dîne.

MARION.

J'ai bien soif ; j'ai bien faim : mais, hélas ! qui dort dîne.

SCENE XIV.

MINCÉTOFF, *en se promenant à grand pas.*

Ça va mal : ça va mal. Si je reste plus long-tems, je suis

pris comme un rat dans une souricière. Allons : Mincétoff,
un parti violent.

Air : Voyage qui voudra.

L'univers connaît mon courage.
Je l'étonnai par ma valeur.
Mais, en pareil cas, le plus sage
Est de céder à ma frayeur.
J'abandonne ma fille :
Et toute ma famille :
Ça n'est pas trop décent ;
Mais c'est prudent.
Courage, fuyons, et j'échappe
Aux coups que m'apprêtent leurs bras ;
Mais je ne sais pas
Ou porter mes pas.
Est-ce par ici ? sera-ce par là ?
Dieux ! quel bruit dejà
De ce côté là !
On crie, on court, on vient, on va.

Il n'y a pas a reculer, mon intérêt, ma gloire, tout l'ordonne. Prenons mes jambes à mon cou et ma foi...

M'attrape, (bis.)
M'attrape qui pourra.

(il sort.)

S C E N E X V.

Tous les Exilés, J E A N.

C H OE U R.

Air : Allons danser sous ces, etc.

Allons danser sus ces ormaux,
Toujours frais et verds sous la glace :
Fêtons, au son des chalumaux,
Celui qui guérit tous nos maux.

J E A N.

Air : de Zémir et Azor.

Ah ! laissez moi, laissez moi le pleurer.

LES EXILÉS, CHŒUR.

A quoi bon (bis.) te désespérer.

J E A N.

Qui dans mon cœur prendra sa place.

LES FILLES, CHŒUR.

Ce sera moi, (bis.)

(23)

JEAN.

Qui me rendra ses traits, sa grace.

LES FILLES, CHOEUR.

Ce sera moi, (bis.)

JEAN.

Dansez de votre côté : je pleurerai du mien ; cela fera tableau.

TOUS.

Allons danser sous , etc.

EGARD.

Je gage que c'est encore cette Marion qui te tourmente. Eh ! morbleu, prends ton parti.

Air : *Lonlanla*, etc.

C'est ainsi que va le monde ;
Et du Japon à Paris ,
On voit la brune et la blonde
Tromper amans et maris.
Mon cher, consulte les hommes,
Ils te répondront par tout,
Vous deviendrez ce que nous sommes,
Il faut s'accoutumer à tout.

CHOEUR.

Vous deviendrez , etc.

Lorsque l'Opéra-Comique
Pleure en longs habits de deuil ,
C'est en vain que la critique
Lui fait un mauvais accueil ;
Demain encor sur la scène ,
Il blessera le bon goût.
Duni, Favart, Grétri , Sédaine ,
Il faut s'accoutumer à tout.

CHOEUR.

Duni , Favart, Grétri , etc.

Aujourd'hui la vie est chère ,
A bon droit chacun se plaint,
Les bons mots, la bonne chère,
Tout s'épuise, tout s'éteint.
Eau sans vin , travail sans lucre ,
Vers sans grace , auteur sans goût,
Couplets sans sel ,. café sans sucre ,
Il faut s'accoutumer à tout.

CHOEUR.

Couplets sans sel , etc.

SCENE XVI.

LES PRÉCÉDENS, BISTOURI.

BISTOURI.

Au secours ! au secours !.. Mes amis , un de nos frères est aux prises avec une bête. Nous sommes en nombre, aux armes, aux armes.

EGARD, *lui mettant une couronne sur le front.*
Mais vous , prenez toujours ça.

BISTOURI.

Ah ! mes amis !

Air : *C'est aujourd'hui la fête.*

Cette fête m'est chère ,
Mais courrez au plus pressé :
Allez trouver un frère ,
Et ramenez le blessé ;
D'un de vous , lorsque la tête
Est dans un péril certain ,
N'est-ce pas toujours la fête,
La fête du médecin.

CHOEUR.
N'est-ce pas toujours , etc.

SCENE XVII.

BISTOURI.

Je pourrais bien les suivre , mais pas si bête ; d'ailleurs, ne faut-il pas que quelqu'un reste pour occuper la scène ? Mais quel peut être le nouveau blessé que le ciel m'envoie !

Air : *A la façon de Barbari.*

Grand dieu! si c'était Mincétoff !
Bistouri, que t'importe ?
Ne faut-il pas que sain et sauf
De tes mains chacun sorte ?
Point de rancune, mon garçon,
La fariradondaine , la fariradondon ,
Et qu'il soit aujonrd'hi
Guéri ,
Biribi,
A la façon de Bistouri ,
Mon ami.

SCENE XVIII.

BISTOURI, JEAN, *les exilés, armés en désordre.*
(*Mencétoff est soutenu par trois hommes.*)

BISTOURI.

Eh bien ! est-il blessé, estropié, mort ?

JEAN.

Rien de tout cela.

Air : Du pas redoublé.

Chacun de nous tout essoufflé,
　　Accourait au vacarme,
La peau dont il est affublé
　　Avait causé l'allarme ;
Se croyant suivi dans le bois,
　　Par des bêtes sans nombre,
Le pauvre garçon aux abois,
　　Fuyait devant son ombre.

BISTOURI.

Quoi ! ni plaies ni bosses ?

MINCÉTOFF.

Grace au courage de mes généreux défenseurs.

JEAN.

Voilà comme nous sommes.

Air : Au clair de la lune.

Chez nous haine et guerre
A tous les méchans :
Amitié sincère
Aux honnêtes gens.
Ici l'homme intègre
Trouve des vengeurs.

LE DOCTEUR.

Sentez ce vinaigre
Des quatre voleurs.

MINCÉTOFF, au Docteur.

Quoi ! vous ? grand merci... je n'en ai que faire... le péril quelque grand qu'il fut ne m'a pas effrayé.

BISTOURI.

Vous êtes pourtant bien pâle.

MINCÉTOFF.

Je suis suis toujours comme ça dans le danger.

Mincétoff.

D

ÉGARD.

C'est lui... c'est Pantalon de Mincétoff.

TOUS.

Lui, Pantalon !

ÉGARD.

Oui, je le reconnais.

Air : *Changez-moi cette tête.*

Tàtez moi cette bosse :
Voilà le signe atroce
De son ame féroce ,
Et de ses
Forfaits.
Ici la jalousie ,
Ici la perfidie ,
Ici la tyrannie ,
Ici le courroux ,
Par ici la démence,
Ici l'impertinence ,
Là la protubérence
De tous les époux.

TOUS.

Oui, voilà bien la bosse :
Voila le signe atroce
De son ame féroce ,
Et de ses
Forfaits.

CHOEURS.

Air : *De la contredanse des petits pâtés.*

Chers artistes en feuilletés ,
Nous a-t-il assez mal traités ,
Qu'il soit pour tant d'iniquités
Haché comme chair à pâtés.

SCENE XIX.

LES PRÉCÉDENS , Mad. MINCETOFF, MARION.

MARION.

Mon père !

Mad. MINCÉTOFF.

MINCÉTOFF.

Mon époux !

Laissez donc.

Air : *Vaud. des Chasseurs et la laitière.*

Barbares , n'allez pas d'avance
Vous réjouir de mon trépas.
Le premier qui sur moi s'élance ,
Sentira le poids de mon bras ;
Ne croyez pas qu'en ma colère
On ait bon marché de mes jours ,
Et ne vendez la peau de l'ours
Qu'après l'avoir couché par terre.

TOUS LES EXILÉS.

Pas de pitié.

JEAN.

Pour aller jusqu'au cœur , que voulez percer ,
Voilà par quel chemin vos coups doivent passer.

(Jean se plaçant devant Mincétoff en se montrant.)
Oserez-vous frapper celui que vos nommez votre père.

(Bistouri se plaçant derrière Jean et le montrant.)
Celui que vous nommez votre bienfaiteur.

SCENE XX

LES PRÉCÉDENS, LE GOUVERNEUR.

(On entend un roulement de tambour.)

LE GOUVERNEUR.

Messieurs , j'accours vous apprendre que Mincétoff est parmi nous. Songez qu'il est entre mes mains , et qu'aucun autre que moi n'a le droit d'y toucher.

TOUS.

On ne vous l'enlévera pas.
(Un second roulement.)

BISTOURI.

Quel est ce bruit ?

LE GOUVERNEUR.

C'est le rappel.... d'un exilé. Lisez-nous cela St-Jean Bouche d'Or.

JEAN , *lisant.*

« Du palais du roi de Cocagne.
(Tout le monde se découvre.)

» Nous Boniface Mangetout, par la grace de Comus, roi
» de Cocagne et d'Avalons, nommions, par ces présentes ,
» notre cousin St.-Jean Bouche d'Or , gouverneur de notre

» tle : et reconnaissant que sa disgrace a été l'effet des
» mauvaises langues, n'avons plus de dent contre lui, et
» le faisons rentrer dans notre bouche; lui permettons de
» plus, pour le dédommager d'avoir fait si long-tems mai-
» gre chair, de revenir dans nos états pendant les jours
» gras.　　　　　　　(*Un roulement et on se couvre.*

JEAN, *à Mincétoff.*

Eh bien! papa, que dites-vous de ça?

MINCÉTOFF.

Rien.

MARION.

Voilà St.-Jean dans une belle passe.

MINCÉTOFF.

Soit.

Mad. MINCÉTOFF.

Allons, mon mari, un bon mouvement.

MINCETOFF.

Non.

JEAN.

Quelle obstination.

MINCÉTOFF.

Je suis comme ça. Jeune homme, j'ai fait des sottises,
ton sort est de les réparer; le mien est de les boire.

DISTOURI.

Air : *Des fleurettes.*

En menace, prière,
Fête et gémissemens,
Nous avons, je l'espère,
Assez perdu de tems.
Pour que la pièce finisse,
Tombez tous à ses genoux.
(*Offrant du tabac à Mincétoff.*)
Pantalon, en usez-vous?...
(*Mincétoff prend du tabac, il éternue.*)

TOUS.

Dieu vous bénisse.

MINCÉTOFF.

Dieu me bénisse!... ce mot l'emporte. Eh bien! soyez
mes enfans, (*Jean saute au col de Mencétoff.*)

LE GOUVERNEUR.

Les bras m'en tombent!... Il faut convenir que tout ceci
m'a donné bien du mal, et après tant de fatigue, vous ne
trouverez pas mauvais que j'aille me reposer.

JEAN.

Monsieur le Gouverneur, je vous baise bien les mains.
(*Le Gouverneur sort et le tambour roule.*)

VAUDEVILLE.

JEAN.
Air : *Vaud. des Pierrots.*

Il est deux Jean dans cette ville ,
Différens d'humeur et de goût.
L'un partout exale sa bile ,
L'autre au contraire rit de tout.
Quand l'un jeûne dans sa demeure ,
L'autre dans son coin s'arrondit:
Le carême est pour Jean qui pleure,
Le carnaval pour Jean qui rit.

EGARD.

Jean venant d'épouser Hortence ,
S'écriait: mon bonheur est sûr.
C'est la vertu, c'est l'innocence ;
Et le jour qui brille est moins pur ;
Mais de l'espoir dont il se l'eurre ,
Un fruit précoce le guérit :
Et six mois après Jean, qui pleure,
Succède , hélas! à Jean qui rit.

Mad. MINCRTOFF.

Vainement contre l'ophtalmie,
J'entends murmurer en tous lieux.
Ah ! cette cocotte ennemie
Fera pleurer tous les beaux yeux.
(*à Bistouri.*)
Pour vous quelle aubaine meilleure !
C'est un mal qui vous enrichit.
Quand le malade est Jean qui pleure,
Le médecin est Jean qui rit.

BISTOURI.

Auprès d'un vieux millionnaire ,
Qui va dicter son testament ,
Le Jean qui rit est en arrière ;
Le Jean qui pleure est en avant.
Jusqu'à ce que le vieillard meure ,
Il reste au chevet de son lit.
Est-il mort ? adieu Jean qui pleure ,
On ne voit plus que Jean qui rit.

MINCÉTOFF.

De l'acteur que je parodie,
Puisse-je imiter tous les traits :
Dans le drame et la comédie,
Il obtient un double succès ;
Sans effort, il change à toute heure
D'humeur, de langage et d'habit :
Et pour nous charmer, Jean qui pleure,
Devient tout-à-coup Jean qui rit.

MARION.

Sur sa docte et brillante lyre,
Que tout Paris court applaudir,
Champein exprime et nous inspire
Ou la douleur ou le plaisir.
Par son talent, que rien n'effleure,
Le spectateur toujours séduit,
A Menzicoff est Jean qui pleure,
Au Mélomane est Jean qui rit.

JEAN.

Il est plus d'une tragédie,
Dont le succès fut général,
Et dont chez nous la parodie,
A réussi tant bien que mal ;
Daignez accorder plus d'une heure
A cette débauche d'esprit :
Nous allons être Jean qui pleure,
Si vous n'êtes pas Jean qui rit.

F I N I

www.ingramcontent.com/pod-product-compliance
Ingram Content Group UK Ltd.
Pitfield, Milton Keynes, MK11 3LW, UK
UKHW022321170726
13837UKWH00005BA/2099